AF497795

# LE GIAOUR.

# LE GIAOUR,

## GRAND OPÉRA

EN TROIS ACTES;

Paroles de MM A. Rénal et Louis,

Musique de M. Bobery,

CHEF-D'ORCHESTRE DU THÉATRE D'AMSTERDAM.

Réprésenté pour la première fois, a Lyon, le 3 Avril 1839.

Direction de M Provence,

et au Théatre d'Amsterdam, le 13 Février 1840.

Direction de M. Buudot

AMSTERDAM.

LIBRAIRIE CRAMER.

Heiligeweg 35.

1840.

# AU LECTEUR.

Les auteurs de ce *libretto* feront ici, tout les premiers,
bon marché de leur œuvre si imparfaite encore, malgré
leur zèle et leurs efforts pour mériter les suffrages si flat-
teurs de leurs juges. Ils iront donc, avec franchise, au
devant des reproches les plus plausibles que la critique ne
peut manquer de leur adresser, à l'endroit des pages les
plus défectueuses de ce canevas dramatique. — Ainsi, ils
avoueront avec une sincère humilité, à propos du drame
*Le Giaour* (que quelques uns ont bien voulu, par une
bienveillance exagérée, appeler du nom de poême), ils
avoueront qu'ils n'ont prétendu rien autre chose qu'ébau-
cher un modeste cadre poétique, de structure peu neuve,
un humble cadre sans ornements, sans arabesques, sans
fleurons, ni riches moulures, enfin, un simple cadre, bien
uni et quelque peu inégal; ou plutôt, (si on préfère cette
dernière spécification), une manière de *pastiche*, à l'usage
d'un jeune compositeur qu'un bel avenir musical leur semblait attendre. Ils se sont faits très docilement et sans
prétention aucune à l'habileté dramatique, les modestes
ouvriers de cet édifice musical, dont ce jeune et déjà savant
*maestro* allait devenir le principal architecte.

Il est donc bien établi que quelle que soit la portée,
ou si l'on veut l'importance de leur ouvrage, les auteurs

du *Giaour* ne resteront, grâce aux traditions et aux lois musicales, solidaires que dans une proportion comparative très minime, des conditions de régularité et d'élégance qui manqueraient à l'opéra nouveau, conditions nécessaires et exigibles dans tout édifice, même musical Mais le premier, sinon l'unique mérite des auteurs de ce livret, sera incontestablement d'avoir inspiré une partition grande et belle, au moins dans plusieurs de ses parties; d'avoir aidé à une tentative honorable aux yeux de tous les hommes d'art et de progrès, à une tentative honorable pour la province elle-même si souvent outragée et calomniée dans son éloignement, par les monopoliseurs parisiens.

Ils ont pour soutenir leur espérance, dans la généreuse indulgence et le loyal appui de leurs compatriotes, le souvenir des sympathies nombreuses et des nobles encouragemens que reçurent jadis, à leur apparition sur la scène, plusieurs œuvres lyriques gracieuses et spirituelles d'une moindre importance. — Ils savent bien encore qu'à propos des divers points de similitude qu'offre au premier aspect leur pièce avec quelques grands ouvrages viellis dans l'admiration du public, on leur citera *Fernand Cortès*, le *Siège de Corinthe*, *Masaniello*, *La Muette*, et tous les opéras *héroïques* déjà connus : on leur criera tout haut le reproche accoutumé et inévitable des réminiscences ! Car à propos de quelle œuvre musicale n'a-t-il pas été évoqué ce fulminant reproche des réminiscences?...Les grands maîtres n'en sont pas eux-mêmes à l'abri, dieu merci!! mais une fois pour toutes, si les auteurs de ce *drame*, ou simple *cadre* poétique, confessent ici que le sujet de leur pièce n'est point neuf, et si le public malgré la faiblesse de leur poésie, malgré les incohérences et les obscurités de leur *action*; si le public, disons nous, reconnaît lui, dans l'ensemble de cet ouvrage, la procréation et par suite l'existence d'un œuvre musicale au moins estimable dans quelques endroits; alors ils pourront bien eux (les auteurs de ce drame, ou canevas dramatique) se regarder comme à moitié absous, orgueilleux qu'ils seront d'avoir ouvert les premiers la lice à un homme de talent et de conscience ! Puissent les suffrages et l'indulgence des spectateurs, sanctionner cet espoir et pardonner aux défauts du libretto, en faveur des inspirations du *maestro ! !*

*Les auteurs du drame* LE GIAOUR.

# DISTRIBUTION.

| **Personnages.** | **Acteurs.** | |
| --- | --- | --- |
| | de Lyon. | d'Amsterdam. |
| LAMBRO CANSANI, le Giaour. MM. | Siran. MM. | Grosseth. |
| RIGA, son ami, guerrier poète. | Lesbros. | Roger. |
| HASSEM, gouverneur de la province d'Athènes, . . . . . . | Gustave-Blès. | Bellecour. |
| ANASTASE, prêtre grec . . . | Padrès. | Florestan. |
| THÉOMÈNE, vieux marin. . . . | Flachat jeune. | Dorsan. |
| LÉLIA, fiancée de Lambro . . . | Mme Minoret. | Mme Alfred. |

SOLDATS GRECS.

SOLDATS OSMANLIS.

ODALISQUES.

MORÉOTES, HOMMES ET FEMMES.

VIEILLARDS.

ENFANS.

ESCLAVES DES DEUX SEXES.

La scène se passe à quelques milles d'Athènes, en 1790.

# LE GIAOUR.

## Acte Premier.



*Le théâtre est obscur, la crépuscule laisse à peine apercevoir dans le lointain les remparts d'Athènes. A gauche plusieurs groupes de maisons dont l'une est surmontée d'une terrasse. Des groupes de vieillards, de femmes et d'enfans, des guerriers Grecs remplissent le théâtre; à droite les murs d'une forteresse.*

## Scène Première.

### RIGA, PEUPLE ET GUERRIERS.

#### CHOEUR.

Descendants des héros, nobles enfans d'Athénes,
Courberons-nous toujours notre front sous les chaînes ?
N'imiterons-nous pas le courage indompté
De nos ancêtres morts pour notre liberté.

#### UN CORYPHÉE.

Peuple, réveille-toi ?... que ta longue agonie
Ait un terme; à tes pieds brise la tyrannie!
Vierges, vieillards, enfans, par la croix protégés,
La patrie et vos maux peuvent être vengés.

#### UN VIEILLARD.

J'ai vu ma seule enfant, pauvre vierge timide
Par le turc, de nos pleurs, de notre sang avide,
Arrachée à mes bras, elle mon seul appui :
Infâmes ravisseurs, avec elle ils ont fui ;
Mais sa honte ou sa mort par ma voix tout vous crie :
Vengeance, amis, vengeance à la Grèce flétrie!

CHOEUR.

C'est sa voix qui nous crie
Vengeance à la patrie..

*Après le choeur, silence prolongé: chacun des
personnages écoute et regarde si l'on n'a pas
entendu leurs vociférations.*

À genoux implorons le Dieu mort sur la croix ;
Prions, prions, il entend notre voix ! ! !
Prions, il entend notre voix ! !

*Tout le monde se prosterne.*

## Prière.

Jehovah, dieu puissant, seul vrai dieu des armées,
Rends la force et l'espoir aux ames alarmées !
Donne à la Grèce encor de dignes défenseurs,
Pour braver le martyre embrase tous nos coeurs ! !

*Après cette prière d'un style grave et sinistre,
on entend une ritournelle vive et gaie.*

LE CHOEUR, *en murmurant.*

Mais quelle audace et quels accens joyeux,
A notre deuil se mêlent en ces lieux ?

*Ici Riga paraît sur la terrasse la lyre à la main.*

## Scène II.

RIGA ET LE CHOEUR.

LE CHOEUR.

C'est Riga, c'est ce fou, qu'en tout tems on voit rire,
Et chanter quand Stamboul nous condamne au martyre.

TOUS, *avec force*

Ecoutons, écoutons,
De ce fou les chansons.

RIGA, *avec ironie et abandon.*

## Couplets.

Force de rames, bon pilote,
Le vent est calme, et va fraîchir ;
Le long des mâts la voile flotte ;
Nos matelots semblent dormir ;...
Je te promets joyeuse orgie
Si tu secondes mon désir.

Je veux d'amour et d'ambroisie,
T'abreuver aux bras du plaisir....
Au large, ami !... Riga t'en prie ;
Ramène à son île fleurie,
A son mystérieux séjour
Riga l'enfant de la folie,
Riga le chantre de l'amour !

CHOEUR , *en murmurant*
O délire coupable
Par des refrains joyeux,
Au joug qui nous accable
Il insulte en ces lieux.

## Deuxième Couplet.

RIGA , *sans les écouter, continue sur le même ton.*
La barre en main, mon capitaine,
Fais voler sur les flots soumis,
Ton brick léger à la fine carène,
Ton brick l'effroi des ennemis !
C'est le bonheur qui me rappelle
A de pacifiques exploits,
Et la mer n'est jamais rebelle,
A la déesse de mon choix !...
Sur nos fronts la mouette crie
Son vol semble une raillerie....
Pour la lenteur de mon retour !
Ramène à son île fleurie,
Riga le chantre de l'amour,
Voguons vers mon île fleurie,
Je suis le chantre de l'amour.

CHOEUR *avec indignation*
Tais-toi, de nos larmes,
De nos sombres alarmes,
N'augmente pas le poids ;
Vers le ciel élève ta voix.
Tais-toi !... tais-toi !!!

RIGA *avec force s'adressant au peuple.*
Eh bien donc, puisqu'ici c'est moi que l'on défie,
A mon tour mieux que vous, je veux à la patrie
Sans honte et sans faiblesse apporter mon secours!
Je chante, dites-vous ? mais vous, race avilie,

Esclaves, à genoux pourquoi gémir toujours ?
Pourquoi ?... vous vous taisez , et moi j'ose le dire,
Soyez libres !... le fer remplacera ma lyre ! ! !

TOUT LE PEUPLE.

Soyons libres ! le fer remplacera sa lyre ,
Que ce signal soit répété.
Le saint amour de la patrie ,
Dans tes accens , Riga , nous crie :
Relève ton front attriste ,
Peuple , reprends , reprends ta liberté.
Riga , viens ; notre voix t'appelle ,
A nos vœux ne sois pas rebelle ,
Rends-nous le courage et l'espoir.

RIGA.

Amis, comptez sur moi, je connais mon devoir.

*Il descend , tout le peuple l'entoure.*

RIGA *s'adressant au peuple.*

Amis , écoutez tous ?... sur cette noble terre,
Où partout, des aïeux profanant la poussière
Le farouche Osmanlis plante son étendard ,
Trop faibles aujourd'hui , nous régnerons plus tard ! ! !
Gardez-vous d'exposer vos bras, votre courage...
Dans vos barques la nuit , vers un plus sûr rivage
Dirigez prudemment ces vieillards généreux ,
Et vos fils qui suivront l'exemple des aïeux ;
Sur ces rocs sourcilleux battus par la tempête ,
Sur quelqu'ile sans nom , cherchez une retraite ;
Armez vos grands canots, en brûlots redoutés ,
Que vos canons de fer , pirates indomptés ,
Défendent ces rochers d'où surgiront des villes ;
Le Turc viendra briser sa rage sur vos îles ! ! !
Puis au premier signal , sur les flots irrités ,
Amis, pour vaincre encor , songez aux Thermopyles !

CHOEUR.

Amis, pour vaincre encor , songeons aux Thermopyles !

## Serment.

RIGA.

Ainsi donc vous jurez d'exposer votre vie ,
Vous jurez de frapper l'impure tyrannie ?

CHOEUR.

Oui , tous nous le jurons ! !

RIGA.

Plutôt que d'obéir,
Pour la Grèce et la croix, jurez-vous de mourir?

CHOEUR.

Pour la Grèce et la croix, nous jurons de mourir!!!
Oui, nous jurons de venger la patrie,
De lui donner nos bras et notre vie;
Oui, devant toi, nous le promettons tous,
Nous le jurons. viens, viens, commande-nous!!!

RIGA.

Amis, je vous revois dignes de vos ancêtres;
Esclaves aujourd'hui, demain nous serons maîtres!!!
Mais la prudence doit nous diriger encor.....
Laissons grandir l'aiglon, il prendra son essor!!!
De nos lâches tyrans la colère endormie
Peut s'éveiller; sa rage est loin d'être assouvie.
Voilons bien nos desseins, et qu'un premier signal
Nous trouve tous armés, fiers d'un courage égal.

CHOEUR.

Voilons bien nos desseins, etc.

*Ils se retirent dans le plus grand silence.*

## Scène III.

LAMBRO *seul, sous les habits de Derviche.*

## Récit et Air;

Salut, murs vénérés, antiques murs d'Athènes,
Sol sacré que foulaient Platon et Démosthènes;
Salut, deux fois ma noble et vaillante cité.
Tu gémis en voilant ta splendeur sous des chaînes,
Veuve de tes autels et de ta liberté !
Un peuple sacrilége en vain encor t'opprime
La palme des martyrs sur ton front de victime,
Peut reverdir un jour en glorieux lauriers !
Et l'ombre des aïeux, tes monuments souillés,
Les débris profanés de ta grandeur sublime,
Tout crie à tes enfans que le turban décime :
Nobles fils des héros qui dorment à mes pieds,
O Grecs, n'êtes-vous plus un peuple de guerriers?....

## Cantabile.

A ton aspect, cité chérie,
D'ivresse et de douleur remplie

Je sens mon âme tressaillir ;
Heureux, je te vois refleurir :
Ton front mutilé se redresse,
Plus fier de sa noble tristesse ;
Tes temples au faîte orgueilleux,
Tes monuments, berceaux des Dieux,
Tes remparts, tes arcs, ton portique
S'élèvent là devant mes yeux ;
De Platon la bouche magique
M'enseigne les décrets des cieux !...
A ton aspect, etc.

## Allégro.

O joie ineffable,
Espoir trop aimable !
Puisse l'avenir
Ne pas nous trahir ;
De ta main puissante,
Dieu, viens soutenir,
Dans sa noble attente,
Un peuple martyr !
Mais de ma mémoire,
Gardez-vous de fuir,
Doux rêves de gloire.
Mes vœux, mon désir !...
O joie, etc

*(Pendant la ritournelle, Riga entre un cimetère à la main.)*

## Scène IV.

### LAMBRO, RIGA.

#### RIGA.

Mais quel bruit incertain a frappé mon oreille,
Quand de nos oppresseurs le vil troupeau sommeille ?
Des accens et des pas ont dans l'obscurité
Fait tressaillir encor mon sein plus agité ;
Avançons, protégé par ce bon cimetère !.....

*Il fait quelques pas et prononce les vers suivants,
d'une voix sombre... son front est triste et rêveur.*

Oui, vous l'avez juré ; fils d'une sainte terre,
J'entends encor vos vœux, vos vertueux transports,...
Je saurai partager vos généreux efforts,
Mais si la cause, hélas ! de la Grèce succombe !
Comme vous, je serai libre au fond de la tombe !!

LAMBRO.

Cette voix et ces pas s'approchent... Qui va là!...
Réponds ou défends-toi, réponds au nom d'Allah!...

RIGA, *toujours plongé dans sa rêverie.*

Et si malgré vos bras, notre cause succombe,
Qu'avec vous des aïeux je partage la tombe!!!]

LAMBRO, *tirant son poignard.*

Qui va là! qu'on réponde ou je frappe à l'instant.

RIGA.

Grands dieux! quelqu'un ici, peut-être m'écoutant,...
Pour trahir nos desseins à la haine du maître...
Mais!... ce geste orgueilleux me l'a fait reconnaître,
C'est Lambro!..

LAMBRO.

De Riga, j'ai deviné la voix,...
Au lieu d'un combattant, heureux, j'embrasse un frère!

RIGA.

Eh quoi! sous ces habits, c'est toi, que je revois!
Mais imprudent; ici, dis-moi, que viens-tu faire?
Viens-tu livrer ta tête à la lâche fureur
De l'Osmanlis, bravant un combat sans honneur?
Mais ce déguisement, pourquoi?

LAMBRO.

Je dois tout dire,
Protégé par l'effroi que mon nom seul inspire,
Sous un pieux habit, par le fer obtenu,
Sous les traits d'un derviche, ami, je suis venu
Te voir, te parler d'elle...

RIGA.

Ah! Lambro, quel délire!...

LAMBRO.

Que m'importe la mort, loin d'elle est le martyre!...
Lélia!... parle, ami... ta voix et tes accens
Et ce nom adoré sauront calmer mes sens...

RIGA, *à part.*

Lélia... que répondre... ô torture cruelle? —

LAMBRO.

Ah! tais-toi, si son cœur n'est pas resté fidèle!

RIGA.

Son coeur n'a pas changé ; mais...

LAMBRO , *l'interrompant*.

Aveugle courroux !

RIGA , *hésitant*.

Je n'oserai jamais .. —

LAMBRO.

Parle ? —

RIGA.

Hélas ! loin de nous...
Au palais de Hassem , victime qui supplie
Et gémit... à ses soeurs Lélia fut ravie !

LAMBRO , *avec horreur*.

Lélia .. le sérail... ô forfait odieux ! —
Et son père n'a pas immolé sous vos yeux
Ses ravisseurs maudits?...

RIGA.

Son père, il est aux cieux !
Son père avait souffert, hélas ! dois-je le dire,
Un infame supplice, et la mort du martyre !

LAMBRO , *avec désespoir*.

Lélia !.. Lélia, sans père, sans époux,
Faible enfant, noble vierge ; en vain le sort jaloux
A mon amour si pur, dans sa fureur t'enlève !
Je vengerai ton père, et ton coeur attristé ;
Oui bientôt notre espoir ne sera plus un rève,
J'entends déjà par cent voix répété,
J'entends ce cri : Vengeance et liberté ; —

## Duo.

LAMBRO.

N'entends-tu pas cette voix qui nous crie :
D'un joug honteux, sachez vous affranchir ?
Soyons soldats, il faut vaincre ou mourir,
Pour venger son Dieu , sa patrie ! —

ENSEMBLE.

N'entends-tu pas cette voix qui nous crie... etc.

RIGA.

Combien je souffre, ami, de ne pouvoir t'offrir

Un abri sûr dans mon humble demeure,
Mais le Turc y veille à toute heure.

LAMBRO.

A ce nom seul, je sens tout mon être frémir ;
Riga, je reste ici... dans ma barque rapide
Pour rejoundre bientôt ma corvette intrépide,
Et mes forbans soumis à mon geste, à ma loi.

RIGA.

Ainsi, je peux compter sur eux comme sur toi ?
Ecoute, ami, malgré l'active surveillance
De l'Osmanlis, j'ai su tout préparer d'avance,
J'ai des armes, du fer, du salpêtre en ces lieux,
Présent d'un peuple ami dont nous avons les voeux !

LAMBRO.

Que me, dis-tu... Riga ! ciel, quel espoir m'enflamme !
Courons sur leurs vaisseaux, courons porter la flamme.

RIGA

Insensé, du destin respectons les arrêts,
Sois prudent, le ciel même aidera nos projets.

## Reprise du Duo.

N'entends-tu pas, etc.

*A la fin du duo, ils s'embrassent et Riga sort.*

## Scène V.

LAMBRO, *seul.*

Du salpêtre !... et songer qu'un brûlot bien conduit
Peut en cendres changer leur flotte, cette nuit !
De la poudre et du fer ? la gloire en vain m'attire,
L'heure n'a pas sonné pour un si beau martyre !

## Scène VI.

LAMBRO, *un* MUPTHY *psalmodiant du haut des remparts.*
Vrais croyans, voici l'heure où tous les coeurs pieux
Elèvent vers le ciel, leurs accens et leurs voeux.

*Un choeur composé de 4 voix répète
cette prière et se retire après.*

## Scène VII.

LAMBRO, *seul.*
Voici pour eux l'instant de la prière ;...
Race avilie, et de son culte fière,

Mieux que nous, ils ont su défendre leurs autels,
Mieux que nous, descendans de ces dieux immortels,
Qui dorment impuissants sous la froide poussière!!

*On entend une musique militaire dans le lontain.*
Mais quel bruit?.. et d'où vient cette marche guerrière?
O terreur! de Hassem, ce tyran, mon rival,
J'aperçois les soldats, ils viennent, sort fatal!...
Et je suis seul, seul ici, sans défense,
Dieu! si je dois mourir, seconde ma vengeance!!

## Scène VIII.

*Lambro s'est recouvert de son manteau de derviche, et
s'est mis dans l'attitude d'un homme qui prie. —
Un choeur de soldats précède Hassem, enseigne
et étendards déployés. Entrée de la musique
militaire, Hassem parait entouré de son état-
major. Quatre enclaves portent devant lui un pa-
villon élégant qu'ils placent à la droite du théâtre.*

**CHOEUR GÉNÉRAL.**

Honneur au bras victorieux,
Au chef qui commande en ces lieux!
L'astre des combats va paraître,
Hassem, notre chef, notre maître;
Hassem, notre orgueil, notre appui,
Honneur au héros! gloire à lui!
Respect au front où la puissance a lui!
Le Grand-Seigneur le chérit et le vante,
De ses états c'est le plus ferme appui;
Partout il jette l'épouvante,
Il parait... la révolte a fui...
Honneur au héros, gloire à lui!

*Pendant ce choeur, Hassem s'est placé sous
la tente au milieu de ses officiers.*

## Récit.

**HASSEM,** *à ses troupes.*
Merci, mes compagnons, merci, soldats fidèles,
Grâce à vous la victoire a volé sur mes pas,

Le croissant a vu fuir les cohortes rebelles
Le ciel à vos travaux garde une récompense ;
Et déjà par ma voix l'honneur vous la dispense ;
Demain dans mon palais par la gloire habité,
Vous viendrez tous briller aux yeux de la beauté ;
Par des chants, par des jeux, dans une pure ivresse,
Vous viendrez à ma joie unir votre allégresse !

**CHOEUR.**

Honneur au bras victorieux,
A notre chef, l'élu des cieux,
L'astre des combats va paraître,
Hassem, notre chef, notre maître ; etc.

**HASSEM.**

## Air.

Auprés de la beauté que j'aime,
Qui résite encore à mes voeux,
A ses regards vainqueur heureux,
Des insignes du rang suprème,
J'étalerai tout le luxe pompeux ;
Plus tremblant qu'elle-même,
J'approche en l'implorant des yeux ;
Bientôt Lélia moins cruelle,
Cède tout bas à mon ardeur.. ,
Oui, Lélia n'est plus cruelle
A la voix qui touche son coeur !...
Car toujours une belle
Se montre sans rigueur
Pour un soldat vainqueur ! —

**CHOEUR.**

Honneur au bras victorieux,
A notre chef, l'élu des cieux.

**HASSEM.**

## Suite de l'air.

A toi, jeune captive,
A toi mes seuls amours !
De lointaine rive,
Près de toi j'accours !
Ah ! cède à mon ardeur,
Ne sois plus rebelle !

A toi seule est mon coeur,
Ma Lélia! ma Lélia, si belle!

# Reprise de l'allégro.

LAMBRO, *se contenant à peine, et à part.*
O ciel! l'ai-je bien entendu?
Ce nom que j'adore et révère,
Ce saint nom profané par sa voix mensongère?
Mourir pour la venger ne m'est plus défendu!

HASSEM.
Quelqu'un ici qui murmure et m'épie,
Quel est cet imprudent, qui brave ma furie?...
Je l'ordonne... à l'instant qu'on l'amène vers moi

LAMBRO, *courant au devant des soldats qui viennent pour l'arrêter.*

Me voici, du Prophète, outragez donc la loi,..
Dans son ministre saint, qui déjà vous pardonne!

HASSEM, *aux soldats.*
Soldats, qu'on l'abandonne.

*A Lambro.*
Et toi, réponds? à cette heure en ces lieux,
Qui peut guider tes pas?

LAMBRO.
C'est le secret des cieux!!
Quand ton coursier t'entraîne aux hasards de la guerre,
Quand la gloire t'y suit, moi penché vers la terre,
Et la nuit et le jour, pour toi j'implore Allah,
Pour toi, pour tes succès, je priais encor là!..

HASSEM.
D'un serviteur du ciel j'aime ce saint langage!
Mais d'où vient que l'effroi règne sur ton visage?
Ta voix sombre, tes traits mâles, audacieux,...
Démentent tes discours...

LAMBRO.
Maître, je suis bien vieux!
Et cette froide nuit a doublé ma faiblesse,
Du prêtre, du vieillard secourez la détresse;
Mes membres engourdis fléchissent devant vous,
Seigneur, je suis bien vieux!

HASSEM.

Reste donc avec nous !

LAMBRO.

Noble maître, à ma voix la pitié te réclame,
La vieillesse et le froid font trembler mes genoux,

*avec force et intention.*

Fais, pour les réchauffer, près d'eux luire la flamme.

*Il regarde la maison de Riga ; celui-ci paraît en
cet instant sur la terrasse.*

RIGA.

Ciel ! Lambro dans leurs mains, le deuil et dans mon âme !...
J'ai compris ses accens que la patrie enflamme !... —

## Trio.

HASSEM.

Quel trouble en ses accens !
Ses regards menaçants,
Trahissent un coupable ;
O doute impénétrable
Qui m'obsède et m'accable,
Et subjuge mes sens !!!

| LAMBRO. | RIGA. |
|---|---|
| Comprends donc mes accens, | J'ai compris ses accens, |
| Et vole, il en est tems ; | Ses gestes tout puissants ; |
| Oui, l'heure est favorable, | Oui, l'heure est favorable, |
| Si le sort nous accable | Si le sort nous accable, |
| Sous leur joug implacable, | Sous leur joug implacable, |
| Ecrasons nos tyrans ! | Ecrasons nos tyrans ! |

RIGA *s'éloigne à la fin de la ritournelle.*

## Scène IX.

Les mêmes, excepté RIGA.

HASSEM à LAMBRO.

Sur tes traits, dans ta voix, quand je soupçonne un traître ;
Vieillard, libre à mes yeux de ces saints vêtements,
A mes yeux,... sans remords, oserais-tu paraître,
L'oserais-tu ? —

LAMBRO *avec force.*

Qui moi ?,.. fils des tyrans !

Ah ! déjà ton œil fauve a dû me reconnaître,

Je suis Lambro , Lambro , Le Giaour ! (*Il jette son manteau ,*)
Ce pirate indompté , qui te brave à son tour...
Je suis le Giaour... je te livre ma vie ,
Prends-la ; mais vois ta flotte, à mon ordre engloutie ! !

> *Embrasement général de la flotte d'Hassem. Elle s'engloutit dans des tourbillons de flammes. Riga , à la tête de ses compagnons se précipite au devant des soldats turcs , qui sont près de s'emparer de Lambro*

CHOEUR DE SOLDATS TURCS.

Lambro , ce pirate odieux ,
Qu'il périsse à nos yeux !...

HASSEM.

Arrètez, qu'on épargne un ennemi semblable !
Non ! d'un pareil forfait, il n'est pas seul coupable...
Qu'on le charge de fers, j'en réponds aujourd'hui...
Au nom d'Allah, je vous réponds de lui ;
Je vous réponds de lui, par ce fer redoutable !

## Final.

CHOEUR GÉNÉRAL , *les deux partis se provoquent.*

| OSMANLIS. | GRECS. |
|---|---|
| Armons nos bras , | Armons nos bras , |
| Revolons aux combats ; | Revolons aux combats ; |
| De ce peuple en démence , | De notre délivrance |
| Punissons l'insolence ; | Enfin , l'heure s'avance ; |
| Revolons aux combats , | Revolons aux combats ; |

Dans leurs rangs, portons le trépas! La gloire nous guide au trépas !

*Hassem et ses soldats emmènent Lambro prisonnier , et leur nombre et leur attitude tiennent encore en respect les Grecs , près de s'insurger.*

La toile tombe.

**FIN DU PREMIER ACTE.**

# Acte Second.

*Le théâtre represente une salle du palais d'Hassem , de nombreux esclaves hommes et femmes forment diverses groupes et apportent des présents à Lélia qui est assise sur un divan. Elle est plongée dans la plus profonde mélancolie.*

## Scène Première.

LELIA , Choeurs, Hommes et Femmes.

CHOEURS.

Abrégeons ces apprêts de fête ,
Respectons son deuil , sa douleur ;
Pauvre lys qui courbe sa tête ,
Sous le vent glacé du malheur ;
Nos chants, nos jeux brisent son coeur ,
N'ajoutons pas à sa douleur ! !

*LELIA comme frappée d'un réve pénible se lève précipitamment de son divan.*

## Récitatif.

Par ces chants, ces apprêts de fête et d'allégresse ,
Ils ont de mes ennuis doublé le poids si lourd....
Et ma honte et mon deuil , mes plaintes, ma détresse ,
N'ont pas même un refuge en cet affreux sejour !
Ah ! du moins au milieu d'un funeste esclavage
Qu'il soit encor permis à mon coeur attristé
De revoler vers vous , lieux chers à mon jeune âge !
Monts fiers et sourcilleux , riante et vaste plage
D'où le brave marin s'élance aux nuits d'été...
Bourgade où des aïeux plane la noble image,
Terre maudite en vain, qu'on cherit davantage,
Rien ne peut t'effacer de notre souvenir
Et c'est mourir cent fois, que loin de toi mourir ! ! !

## Air.

Venez encor me bercer comme un rêve ,
Doux souvenirs d'un si calme bonheur ,
Faites revivre au fond d'un triste coeur.

Ces lieux si chers qu'un dur exil m'enlève!
Ah laissez-moi rêver seule à ces lieux
Où j'ai passé des heures sans nuage,
Terre d'amour, sol béni des aïeux ..
(S'il est fidèle à ses derniers adieux,)
D'un tendre ami rappellez-moi l'image;
Doux souvenirs, d'un si calme bonheur
Venez encor me bercer comme un rêve!
Faites revivre au fond d'un triste coeur,
Ces lieux si chers qu'un dur exil m'enlève!

CHOEUR (*à part*).

Respectons sa douleur,
N'insultons pas à son malheur!

LÉLIA (*suite de l'air.*)

Rappelez-moi cet ami du jeune âge,
Ce campagnon de nos jeux innocents
Dout le naïf et si tendre langage,
Jeta le trouble en mon ame, en mes sens!
Oui vers ces monts qui s'élèvent aux cieux,
Reportez-moi, souvenir plein de charmes!
Toit paternel brille encore à mes yeux,
Ton aspect seul dissipait mes alarmes;
Ton seul aspect rendrait encore joyeux
Mon coeur rempli de tristesse et de larmes!
S'il est fidèle à ses derniers adieux.
Venez, venez me bercer comme un rêve,
Doux souvenirs, d'un si calme bonheur
Faites revivre au fond d'un triste coeur
Ces lieux si chers qu'un dur exil m'enlève.

CHOEUR.

Amis, respectons sa douleur;
N'insultons pas à son malheur!

## Scène II.

LÉLIA *seule.*

## Récit.

Ils s'éloignent enfin touchés de ma tristesse,
Ils vont porter ailleurs leurs jeux et leur ivresse;
Et moi je reste seule à pleurer sur mon sort,
Sur mes frères captifs qu'on destine à la mort: —

Là derrière ce mur qui nous sépare à peine
Ils gémissent, j'entends jusqu'au bruit de leur chaine;
Et faible, ne pouvant, hélas! les secourir,
Je demande avec eux libre enfin de mourir!...
Je le demande au ciel qui se rit de ma peine.

(On entend le son d'un cor.)

Mais le cor retentit, ces accens belliqueux
Que j'entendis naguére en des tems plus heureux,
Ce refrein des combats, signal de la victoire,
Redoublent ma tristesse, en charmant ma mémoire!

*(On entend une fanfare à laquelle vient se mêler le bruit d'un luth; Lélia prête l'oreille et semble de plus en plus émue lorsque Lambro chante dans la chambre du palais qui lui sert de prison.)*

## Scène III.

LÉLIA , LAMBRO, *sans être vu.*

### Premier couplet.

» Au son de la trompe guerrière,
» Réveillez-vous, mes matelots;
» Sur ma corvette vive et fière
» Qui bondit lasse de repos! ..
» Du ciel la splendide lumière
» Au loin déjà rougit les flots,
» Préparez canons et brûlots;
» Amis, volons sur l'humide carrière,
» Volons à des dangers nouveaux;
» Sur le pont, au signal de guerre
» Accourez tous, mes matelots;
» Braves forbans, combattez en héros
» Au son de la trompe guerrière!

LÉLIA.

Ah! mon Dieu; soutenez mon courage et mes sens
Jusqu'au bout laissez-moi revivre à ces accens.

LAMBRO.

### Deuxième Couplet.

» Mais si le ciel qui nous seconde,
» Trahissait nos voeux et nos bras;
» Si toujours indomptés sur l'onde.
» Demain nous ne triomphons pas

» En succombant, de la patrie
» Qu'on sauve l'étendard sacré...
» Dans l'abîme je le suivrai
» Près de lui, corvette chérie !
» Volons à des dangers nouveaux
» Sur le pont ; au signal de guerre
» Accourez tous, mes matelots ;
» Braves forbans, combattez en héros
» Au son de la trompe guerrière !

LÉLIA.

Oh ! mon Dieu, soutenez mon courage et mes sens,
Jusqu'au bout laissez-moi revivre à ces accens.

*Aprés cette reprise finie, on entend dans le lointain une marche guerrière annonçant l'arrivée d'Hassem.*

LÉLIA.

Mais, ô terreur ! déjà vers moi s'avance
La foule qui du maître annonce la présence ;

*(Le bruit de la marche se rapproche.)*

Ah ! mon Dieu, donne-moi la force et le pouvoir
De respecter ton nom, l'honneur et mon devoir.

## Scène IV.

LELIA, HASSEM et sa suite.

## Marche.

*Entrée d'officiers, de femmes, serviteurs, enfans, odalisques portant des trophées, des guirlandes et des parfums. A la fin du choeur, Hassem entre, la foule se retire au fond du théâtre sur un signe que fait Hassem.*

## Duo.

### HASSEM ET LÉLIA.

HASSEM à LÉLIA.

Je vous revois, le ciel en couronnant nos armes
M'a permis en ces lieux d'admirer tant de charmes,
Ah ! laissez-vous fléchir en voyant à vos pieds,
De mon front souverain s'abaisser les lauriers.

LÉLIA *avec douleur.*

Ah ! par pitié, seigneur, en ma sombre tristesse
De me parler d'amour, que votre bouche cesse !

HASSEM.

Devant tous ces guerriers à ma voix réunis,
Faites trève un instant à vos sombres soucis!

LÉLIA.

Que me font les plaisirs et leur pompeuse fête,
Quand loin d'un sol chéri je courbe ici ma tête!

HASSEM.

Pourquoi donc rappeler sans cesse un souvenir
Que mon ardeur saura, je l'espère bannir?

LÉLIA *et* HASSEM, *ensemble.*

Jamais d'ivresse,
Plus d'allégresse,
Pour un captif
Seul et pensif!
Pour lui la vie
Est assombrie,
Et les amours
Se montrent sourds!

LÉLIA *le suppliant.*

Pour un compagnon d'infortune
Souffrez que ma voix importune
Vous demande grâce aujourd'hui,
Il est là, je l'entends, je serai son appui!

HASSEM.

Jamais : tu me refuserais sans doute,
Si tu savais, que fourbe en son dessein,
L'entraînant aux périls de sa funeste route
De ton père aux bourreaux il a livré le sein!

LÉLIA.

L'ai-je bien entendu, dans mon erreur cruelle ?
Lui le bourreau de mon père adoré!!...
Ah! ce vœu par l'enfer, m'est-il donc inspiré?
La pitié me parlait, mais mon père m'appelle,
De honte et de douleur devant vous je chancelle,
L'entendant qui me crie en son funeste effroi :
Ils ont versé mon sang, ma fille venge-moi!!!

HASSEM *avec ironie.*

Oui celui dont la mort te vengera peut-être,
Lélia, j'en rougis, ce coupable est un traître ;

Et son front tombera sous le fer menaçant ;
Car toujours un Dieu juste inspira le croisant.

(Ils reprennent ensemble)

Jamais d'ivresse<br>
Plus d'allégresse<br>
Pour un captif<br>
Seul et pensif !<br>
Pour lui la vie<br>
Est assombrie ,<br>
Et les amours<br>
Se montrent sourds !...

HASSEM se retournant vers la foule.

Qu'à mon ordre suprème<br>
La joie et le plaisir<br>
Près de celle qu'il aime<br>
S'empressent d'accourir.

CHOEUR.

Qu'à son ordre suprême<br>
La joie et le plaisir<br>
Prés de celle qu'il aime<br>
S'empressent d'accourir.

ODALISQUES VOILÉES.

Brillez sous nos voiles<br>
Brillez bien , nos yeux...<br>
Pour un maître heureux,...<br>
Comme des étoiles<br>
Au front pur des cieux !...<br>
Brillez sous nos voiles<br>
Brillez bien , nos yeux !

# Final.

## Scene V.

Les mêmes , un officier entrant.

L'OFFICIER.

Seigneur , un étranger d'une noble apparence
A paraître en ces lieux demande avec instance.
Il se dit envoyé par son fier souverain ;
Chargé de te remettre un firman de sa main.

Hassem par un geste lui dit de l'introduire. Musique.—
Riga caché sous le manteau d'un officier turc et portant à la main un papier roulé , se présente respec-
tueusement devant Hassem.

## Scène VI.

### Les mêmes, RIGA.

RIGA.

Ce soir, vers ton palais que la gloire environne,
J'ai, soumis au désir du maître qui m'ordonne,
Dirigé mon coursier, et, plus prompt que le vent,
Je suis venu t'offrir de sa part ce firman.
Tu sais qu'aux ennemis que ton bras humilie
Mon maître aussi parfois dans son courroux s'allie ;
Il porte à l'un d'entre eux un intérêt bien vif ;
De ce guerrier célèbre, en ces lieux ton captif,
(Cet écrit et ma voix, appaisant ta vengeance,)
Tu ne peux refuser, Seigneur, la délivrance !

*Il offre à Hassem le papier ; à peine celui-ci
l'a-t-il lu qu'il s'écrie :*

HASSEM, *à part.*

Trahison !.. qu'ai-je lu ? puis je en croire mes yeux ?
Pour ce chef de forbans le bey ferait des vœux !..
O mystère profond ! dont la nuit m'épouvante,
Lorsqu'un doute sinistre à mes yeux représente
En un traître pervers cet envoyé de paix.

*Après avoir réfléchi un instant, il dit d'une voix forte :*
Leur rendre un tel otage, impossible ! jamais !

RIGA.

Eh bien ! Seigneur, j'attends ; que devrai-je répondre ?

HASSEM.

Que je garde un captif qui saura vous confondre ;
Dont le fer doit punir les farouches desseins.

RIGA, *jetant son manteau.*
Vas, tu ne démens pas, chef de vils assassins,
Ton âme de tyran de carnage altérée.

*Avec enthousiasme.*
Eh bien ! fais donc couler pour la cause sacrée
Le sang de deux amis du sort abandonnés.
Leurs deux fronts malgré toi de palmes couronnés
Paraîtront radieux sous le fer homicide.
Vers mon complice, allons, vers Lambro qu'on me guide !

LE CHOEUR.

Le Giaour !..

LÉLIA , *s'appuyant sans force sur un divan.*

Ciel ! Lambro, qu'a-t-il dit ? où voiler mes douleurs ?
Et moi qui le livrais, crime affreux! je me meurs !

*Les femmes s'empressent autour de Lélia.*

CHOEUR.

Auprès de sa noble maîtresse
Que chacune de nous s'empresse
La pitié, ses tristes accens,
Ont, hélas ! doublé ses tourmens !

HASSEM·

Ah! j'avais deviné ces perfides accens.
Le ciel juste les livre aux coups de ma furie,
Et tous trois réunis dans la même agonie,
Ils subiront un infâme trépas.

LAMBRO , *chargé de fers, parait dans le fond du théâtre, pâle et défait et ses vétemens en désordre* (1).

Les mêmes , LAMBRO.

HASSEM.

Mais quelle audace encor ? ne me trompé-je pas ?
Comme un spectre en ces lieux ce pirate s'avance !
Ah ! qu'il tremble s'il vient défier ma vengeance !

RIGA , *courant à Lambro.*

Ami, pour te sauver quand je m'expose en vain,
Heureux de te revoir presse-moi sur ton sein.

LAMBRO , *dans ses bras.*

Qu'importe si le sort lassé nous abandonne.

RIGA , *avec enthousiasme.*

Le ciel garde à nos fronts une belle couronne !

LAMBRO *avec force et s'avançant vers Hassem d'un air menaçant, en élevant les mains chargées de chaînes.*

Oui , c'est moi qui, bravant un funeste destin,
Sous le poids de mes fers sans effroi te défie.
Baigne-toi dans le sang de ma noble patrie,

---

(1) Lambro le Giaour, comme prisonnier de distinction, a été enfermé, en attendant la mort, dans une des pièces du palais. A son aspect, les gardes et soldats se dispersent effrayés.

Infâme ravisseur de celle que j'aimais,
Tu peux nous immoler, mais nous vaincre, jamais !
RIGA *avec exaltation à Hassem.*
Tu sais mon nom! ma voix flétrit la tyrannie.

HASSEM.

O vertige coupable! insulter mon courroux,
M'insulter lorsqu'ici je suis maître de vous !
Songez que la pitié pour vous en vain réclame,
Car sa voix avec vous a perdu cette femme.

## Air.

LÉLIA.

Grâce pour eux, grâce, Seigneur !
Que la pitié touche aussi votre coeur;
Au nom d'une mère adorée,
Chassez de votre âme ulcérée
De l'offense le souvenir ,
Et pour vous faire aussi bénir.
Ah ! que votre voix pardonne ,
Une mère vous l'ordonne.

HASSEM , *sans l'écouter.*

Rebelle à tous mes voeux, ingrate que j'aimais,
Que ton sort auprès d'eux sous le fer s'accomplisse,
Je fais taire mon coeur et j'entends la justice.
Pour vos trois fronts maudits, grâce! non, non, jamais !

*Lélia , comme saisie d'inspiration , court à Lambro
et tous trois se tiennent entrelacés pour le* Trio.

## Trio.

LÉLIA , RIGA , LAMBRO.

*Chantent avec enthousiasme à l'unisson et en bravant Hassem.*
Un trepas glorieux
Vient s'offrir à nos yeux !
Qu'il s'apprête sans trève
Et sans honte s'achève !
Dieu , que notre voix sait bénir,
Viens de ton bras nous soutenir !

RIGA *avec enthousiasme.*

Quel sublime délire !
Dans les cieux je crois lire.

LAMBRO.
Oui, le ciel est serein,
Vers lui Dieu nous attire.
LÉLIA.
Au supplice fais nous conduire.
TOUT TROIS.
Marchons à ce funèbre hymen.
Vers lui Dieu nous attire.

<table>
<tr><td>RIGA, LAMBRO, LÉLIA.</td><td>HASSEM ET SES SOLDATS.</td></tr>
<tr><td>Un trépas glorieux</td><td>Dans un trépas hideux</td></tr>
<tr><td>Vient s'offrir à nos yeux,</td><td>Qu'ils tombent à nos yeux ;</td></tr>
<tr><td>Qu'il s'apprête sans trève</td><td>Que l'échafaud se léve,</td></tr>
<tr><td>Et sans honte s'achève !</td><td>Bourreau, frappe du glaive.</td></tr>
<tr><td>Dieu, que notre voix sait bénir</td><td>Allah ! Allah ! viens soutenir</td></tr>
<tr><td>Viens de ton bras nous soutenir.</td><td>Mon<br>Son bras trop faible pour punir.</td></tr>
</table>

HASSEM *furieux*, à *Lélia*.
Eh bien donc, esclave adultère,
Qui trompais mon ardeur sincère,
Sois maudite, meure avec eux,
Porte aux flots tes coupables feux.

LAMBRO, RIGA, LÉLIA.
Jéhovah, ta voix nous éclaire,
Pour les cieux nous quittons la terre !
Vers ton dôme radieux,
Jéhovah, guide nos yeux,
Ton flambeau divin nous éclaire !

HASSEM ET LE CHOEUR.
Maudite est l'esclave adultère,
Qui, dans son âme mensongère,
A nourri d'indignes feux.
Qu'elle périsse avec eux ;
La mort, la mort à l'esclave adultère !


FIN DU DEUXIÈME ACTE.

# Acte Troisième.

*Une presqu'île, dernier refuge des Grecs, dans le fond de la mer; à gauche, un vieux monastère presqu'en ruine, des femmes, des enfans, des vieillards, semblent livrés au désespoir. Pendant toute l'introduction, plusieurs hommes sont occupés à enlever des barriques de poudre, et travaillent à établir une mine, résolus à se faire sauter, si l'Osmanlis cerne les rochers qui défendent leur refuge.*

*Anastase, prêtre Grec, se tient sur les marches du monastère, et étend les mains vers le ciel comme pour l'implorer.*

*Le théâtre est dans l'obscurité; de temps en temps, des éclairs sillonnent les nues, et se répercutent dans la mer; tout présage une tempête.*

## Scène I.

### ANASTASE ET LE CHOEUR.

#### CHOEUR.

De nos cris de détresse,
Soyez touché, Seigneur;
Secourez, Dieu vengeur,
Vos enfans qu'on oppresse.
Pour nos frères proscrits,
Quand l'échafaud se dresse;
Faites sentir, Seigneur,
Votre main vengeresse;
Aux fronts de ces maudits!!
Sur le front de ennemis,
Faites peser, Seigneur,
Votre main vengeresse.

ANASTASE, *d'une voix grave et solennelle.*

Silence, ô mes enfans, notre heure va venir,
Et notre destinée enfin va s'accomplir.
La victoire ou la mort vont finir nos alarmes,
Approchez à ma voix qui parle d'avenir,
Je vais rendre plus forts et vos coeurs et vos armes
Vieillard!... d'un noble orgueil je me sens rajeunir,
O mes fils, avec vous j'ai juré de mourir,
Élevez donc aux cieux et vos coeurs et vos armes;
Approchez, mes enfans, mes mains vont vous bénir!!

*Tout le monde se prosterne. Anastase étend les bras,
et donne sa bénédiction.*

CHOEUR.

Dans ses accens et dans son ame,
Jehovah ta voix a parlé,
Son front d'une divine flamme,
Rayonne au martyre appelé !
Dieu, que ton bras nous guide
Et nous rende vainqueurs,
Brise sous ton égide,
Nos lâches oppresseurs!! !

## Récit.

ANASTASE, *d'une voix inspirée.*
Dans les airs que la croix s'éléve,
Chrétiens, accourez aux combats!

CHOEUR.
Chrétiens, accourez aux combats !

ANASTASE.
Le ciel est pour nous, plus de trêve !
L'arbre saint protège nos bras.

CHOEUR.
L'arbre saint protège nos bras ! !

ANASTASE.
Soyez libres, la croix s'élève,
Enfans de Dieu, revolez aux combats.

## *Scène* II.

LES MÊMES , UN SOLDAT , *accourant.*

Aux armes , mes amis , en vos ardentes haines ,
Trop lentes à briser d'insupportables chaînes ,
Apprenez à l'instant que nos frères captifs ,
Ont rencontré la mort sur leurs pas fugitifs.
Trahis, ils vont tomber ; si par ma voix guidée ,
Votre colère enfin n'est du ciel secondée ! ...
Laisserez-vous couler le sang de ces guerriers ?
Le sang de ces chrétiens généreux boucliers ?

CHOEUR.

Non ! non !
Aux armes ! ... qu'à sa voix le courage s'anime ;
Courons amis , et nos tyrans
Sur les flots , s'enfuiront tremblans !
L'heure a sonné pour un trépas sublime !
De Riga répétons les chants !

> *Ils brandissent tous leurs armes , et sortent.*
> *Anastase , les vieillards , les femmes et les*
> *enfans , sont restés seuls en scène.*

## *Scène* III.

ANASTASE , Vieillards, Femmes , Enfans.

ANASTASE.

Ils courent au trépas ! à cette heure suprême ,
Où tout un peuple vole à des combats sanglants,
Pourquoi donc les hivers ont-ils rendu trop lents
Ces pas , qu'en vain près d'eux guide une ardeur extrême
O généreux enfans , que ne puis-je avec vous
M'exposer en ce jour , sur les flots en courroux.

> *Le tonnerre gronde, les éclairs brillent de*
> *tous côtes. On entend au loin le bruit du*
> *canon.*

Mais, ô terreur , déjà l'écho répète
Et les bruits de l'airain et ceux de la tempête ! ...
De Dieu j'ai reconnu la colère et le bras.
O ciel , mes pleurs, mes vœux ne te touchent-ils pas ?

Mais il nous reste encore , espérance dernière ,
Un refuge en ces lieux , séjour de la prière.

      *(Il montre le monastère.)*

Allez tous sous ces murs par le ciel protégés ,
Demander au Très-Haut la fin de nos dangers ;
Je serai près de vous , sous ces voûtes discrétes ,
Où vient mourir le bruit des humaines tempêtes.

> *Il sort , et semble protéger les vieillards . les femmes*
> *et les enfans ; son front est celui d'un inspiré.*
> *Après qu'il est sorti , une barque parait , montée*
> *par Riga et quelques matelots. Riga semble blessé;*
> *ses vêtements sont désordre*

## Scène IV.

RIGA , *seul.*

Vainement avec eux j'ai tenté de mourir ,
La mort a repoussé mon généreux désir ;
Entraîné par la foule , irritée , éperdue ,
A cet aspect de deuil , ma raison s'est perdue....
Vainement, un pêcheur dans un rapide essor ,
M'a guidé vers ces lieux; j'hésite et doute encor ,
Moi, libre , moi Riga , lorsque Lambro m'appelle ,
Quand on livre aux bourreaux ce compagnon fidèle !
Écoutez sur les flots , c'est l'airain qui mugit ,
Le lion populaire , á son réveil , rugit....
Et déjà de leur sang, nos défenseurs prodigues ,
Comme un fleuve en courroux , brisent d'infâmes digues ;
Un trépas glorieux m'appelle dans leurs rangs.....
Courons leur dire encor , l'hymne effroi des tyrans.

## Premier couplet.

Mais, loin d'un compagnon fidèle ,
Dont la voix mourante m'appelle ;
Loin de sa jeune et tendre soeur ,
Mourir loin d'eux , glace mon coeur !...

Je n'ai pu partager, ô honte !...
Le trépas qui planait sur eux,
Et celui qu'en ce jour j'affronte ,
Sera moins beau , loin de leurs yeux.....
Je n'ai pu recevoir leurs derniers adieux !

## Deuxième couplet.

En vain, dans sa pitié touchante ,
De Lélia l'amour augmente ,
En vain, pour nous sauver tous deux ,
Elle brave un supplice affreux ,
Je n'ai pu partager , ô honte !
Le trépas qui planait sur eux ,
Et celui qu'en ce jour j'affronte ,
Sera moins bean , loin de leurs yeux.....
Je n'ai pu recevoir leurs derniers adieux !

## *Scène* V.

### RIGA, ANASTASE.

ANASTASE.

Qui vient ainsi tronbler , par d'importuns discours ,
Le silence et la paix de ces pieux séjours ?
Mais mes yeux obscurcis par la crainte ou la joie
Ne me trompent-ils pas !

RIGA.

Le ciel vers vous m'envoie ;
Mon père , je reviens sauvé par le hasard.....

ANASNASE.

Non !... sauvé par le ciel , notre unique rempart !
Ah ! pressé sur mon sein , rends grâce à sa clémence ;
Mon fils , rends grâce au ciel , notre seule défense !

CHOEUR , *dans le lointain.*

Répondez à nos voix.......
*(Ils prêtent l'oreille , et Riga remonte la scène.)*

Mais quel bruit? sur les flots une barque s'avance;

LE CHOEUR, *plus rapproché.*

Répondez à nos voix.

*(Une barque paraît et traverse le théâtre.)*

ANASTASE.

Ils nous tendent les bras,
Quelque victime encor, échappée au trépas.

*Pendant une ritournelle, des matelots Grecs
entrent par la gauche du théâtre, et déposent
Lélia au pied d'une croix, placée au second
plan.*

*Lélia, aprés avoir aidé à l'évasion du Giaour et de Riga,
prisonniers d'Hassem, a été jetée à la mer par ordre de ce pacha,
et miraculeusement sauvée par des pécheurs Souliotes.*

RIGA.

O forfait odieux qui vient briser mon ame!
A leur rage insensée immolant une femme,
Ils ont de Lélia pressé l'affreux trépas.
Sa tombe fut la mer; et Dieu ne frappe pas
Cette race maudite, au carnage dressée?...
Lélia, Lélia, trop funeste pensée,
Ils l'ont assassinée au printems des jours,
Et son tendre regard s'est éteint pour toujours.

RIGA *aux matelots.*

Mais, pour mieux la venger, à l'aspect d'un tel crime,
Qu'une sainte fureur dans tous les coeurs s'anime.

*A Anastase.*

Ministre des autels, sous ces murs consacrés,
Implorant le Très-Haut, sans crainte demeurez;
Avant que l'Osmanlis y porte la souillure,
Sa rage sur mon corps s'éteindra, je le jure!!
Ici, par la prière et vos hymnes pieux,
Détournez de nos fronts la colère des cieux.
Moi, je vole au combat où l'honneur me réclame,
Pour venger la patrie et cette faible fémme,
Cette soeur immolée a leur lâche fureur.

*Il sort.*

## Scene VI.

ANASTASE, *seul.*

Vas, ô généreux fils, je te suivrai de coeur.

> *Anastase, après avoir considéré le corps inanimé*
> *de Lélia, rentre dans le vieux monastère, la*
> *tête appuyée dans ses mains.*
> *Pendant le récit suivant, on doit entendre par in-*
> *tervalle, la foudre et une cloche, qui tinte le*
> *glas des morts, et voir de loin le vieil Anacho-*
> *rète, priant sur le seuil du cloître en ruines.*
> *Obscurité. Tableau.*

## Scène VII.

LAMBRO *blessé, pâle et défait, entre en scène* LÉLIA,
*toujours sans connaissanse.*

LAMBRO.

C'est en vain qu'animant leurs stériles efforts,
Parmi mes compagnons j'ai bravé mille morts !
Quand la gloire semblait les couvrir de son aile,
Soudain de mes soldats le courage chancelle.
Ah ! pourquoi de leurs mains ont-ils brisé mes fers,
Mis un terme aux tourments que pour eux j'ai soufferts ?
S'ils devaient, écoutant la voix de l'épouvante,
Par la fuite, tromper ma courageuse attente ;
De tous ceux que j'aimais, par le sort séparé ...
Quand leur destin, hélas ! m'est encore ignoré.
Fallait-il à mon deuil joindre l'ignominie ?
Ils ont fui, quand déjà tombait la tyrannie !...
Mais... O ciel, qu'ai-je vu ?... quel objet en ces lieux
Au millieu de la nuit vient de frapper mes yeux ?
C'est peut être un blessé dont la voix expirante,
Murmure encor le nom d'un père ou d'une amante ?
Approchons... malheureux on aime à secourir,
Lélia !... crime affreux ! nuit de deuil et d'horreur,
Mon oeil a reconnu ma compagne et ma soeur !...
Lélia ! Lélia ! de leur rage victime,
De leurs forfaits, sur elle ils ont comblé l'abîme !

# Cavatine.

*A genoux et penché sur elle.*

Mes pleurs et mes voeux superflus
Ne réveillent pas sa tendresse ;
Dans mes bras en vain je la presse,
Ses yeux ne me repondent plus.

 Malgré la paleur mortelle
 De ses traits si pleins de candeur,
 Mon regard la trouve aussi belle
 Qu'en nos doux rêves de bonheur !
 En vain ici ma voix l'appelle,
 Hélas ! illusion cruelle
 Son coeur ne bat plus sur mon coeur.

LÉLIA *reprenant ses sens peu à peu.*

Où suis-je?... qui m'appelle !... ai-je fui l'existence?

LAMBRO.

Grands dieux elle respire !... à mes sens éperdus
Achève, parle encor, plus rien... vaine espèrance,
Le silence et la mort.. hélas; elle n'est plus.

 *En disant ces mots il a détourué la tête,*
 *Lélia comme sortant d'un rêve terrible*
 *fait un mouvement.*

O ciel ! ma Lélia !...

LÉLIA.

 Lambro, mon bien-aimé!
C'est toi que je revois !!!

LAMBRO.

 Oui le ciel désarmé.
T'a rendue à mes voeux.. .

LÉLIA.

 Touché de ta prière
Le ciel m'a rappelée à sa douce lumière !!!
Arrachée à la mort je renais près de toi.

## Ensemble.

Bonheur suprême,
Celui
Celle que j'aime
Est près de moi
Libre d'effroi.

LAMBRO.

Tendre sœur que le ciel à mes vœux a rendue ;
Je jure sur ton front qu'a profané leur vue.
Oui, je jure à tes pieds de faire ici fléchir,
L'orgueil de nos tyrans, que mon bras va punir !!!

## Ensemble.

Bonheur suprême, etc.

## Final.

## *Scène* VIII.

LAMBRO, LELIA, ensuite RIGA.

## Choeur de morëotes.

CHOEUR.

Fuyons ces hordes de vainqueurs
Fuyons les coups de leur furie,
Ils sont tombés nos défenseurs
Ils n'ont pu sauver la patrie.

LAMBRO *avec force*

Arrêtez ! quel vertige égare vos esprits
Ralliez-vous , enfans et méprisez leurs cris
Il en est tems encor , marchons à la victoire.

RIGA *parait au milieu des soldats jetant un glaive brisé.*

Qui parle de succès, quand nous mourons sans gloire.

*Apercevant Lelia et Lambro.*

Ne me trompé-je pas ? ces traits et cette voix...

*Courant à eux.*

Est-ce bien vous, grands dieux ! qu'en ces lieux je revois ?

**LAMBRO et RIGA.**

Le ciel qui nous sauva nous rassemble à cette heure !...
Non, le ciel ne veut pas que notre cause meure !...

**RIGA** *seul.*

Mais bientôt l'Osmanlis va cerner ces rochers,
Il porte ici ses pas, songeons à nos dangers !

**LAMBRO.**

Je bénis le destin lui-même ;
Fatal ou glorieux, je bénis le destin
Qui vient nous réunir à cette heure suprème

*Il s'adresse aux troupes et cherche à ranimer leur courage.*

Oui, du ciel en ce jour le secour est certain,
Aux armes, compagnons.

**LÉLIA.**

Dieu sauvez ceux que j'aime.

## Scène IX.

*Bruit lointain. Hassem arrive a la tête des Osmanlis.*

Les mêmes, **HASSEM** et toute sa suite.

**CHOEUR D'OSMANLIS.**

Rendez-vous, rendez-vous,
La résistance est vaine,
Un aveugle courroux
Au trépas vous entraîne

*Lélia, Lambro et Riga se tiennent entrelacés et semblent offrir aux meurtriers un front calme et serein. — Ils reprennent avec enthousiasme le trio final du deuxième acte.*

» Un trépas glorieux
» Vient briller à nos yeux,
» Saint délire, etc  etc. etc.

## Après le trio.

*Lambro arrache une torche allumée des mains d'un soldat et se précipite vers la mime préparée et dit a Hassem :*

C'est à toi de trembler en ce fatal moment,
Car la mort t'environne , et la tombe t'attend.

*Les troupes d'Hassem hésitent ; au même moment une forte détonation se fait entendre , le rideau du fond se lève, et laisse apercevoir un horizon radieux , la mer est couverte de nombreuses embarcations , elles portent des matelots Grecs qui dirigent leurs carabines sur les soldats de Hassem. Au premier plan, un vaisseau brillamment pavoisé et surmonté d'une croix d'or resplendissante; au moment de la détonation , Anastase a paru sur les marches du du monastère entouré des vieillards , des femmes et des enfans moréotes.*

## Tableau général.

### CHOEURS GRECS.

Victoire ! victoire !
Enfin la gloire
Couronne un noble effort ,
Ils tombent cernés par la mort.

*Lélia , Lambro et Riga sout conduits en triomphe sur le vaisseau par les soldats Moréotes qui y montent à leur suite. Au même instant la flamme embrase les premiers plans du théâtre  Hassem et les siens redescendent la  scène et semblent livrés à la violence de leur rage: tandis que Lambro , Lélia et Riga entonnent avec énergie le choeur suivant :*

### LÉLIA, LAMBRO et RIGA.

Qu'un noble cri soit répété ,
Le cri de l'honneur du courage ,
Châtions la témérité ,
D'une horde impie et sauvage
Et bientôt sur ce beau rivage
Refleurira la liberté ! ! !

# Choeur général.

### GRECS.

Compagnons , qu'il soit répeté
Le cri de l'honneur, du courage ;
Léonidas nous encourage.
Châtions la témérité
D'une horde impie et sauvage ;
Et des cieux sur ce beau rivage
Redescendra la liberté.

### OSMANLIS.

Quel excès de témérité ,
Ils osent nous braver , ô rage !...
Mais le croissant est indompté...
Mahomet , fais qu'un long carnage
Punisse leur témérité !!!

**F I N.**